## La vieille ville : itinéraire 1

Partez du **Mound (pages 4–5)** et montez au château en passant par Mound Place et Ramsay Lane jusqu'à l'esplanade du château.

Après avoir exploré le **château d'Édimbourg (pages 6–7)**, descendez Castlehill et **Lawnmarket (page 8)**. À Upper Bow, empruntez les marches pour rejoindre Victoria Street et **Grassmarket (page 9)**.

Montez Candlemaker Row jusqu'à **Greyfriars Kirkya** **(pages 10–11)**. Tournez ensuite à gauche dans South Bridge pour rejoindre le Royal Mile. Tournez à droite pour découvrir les bâtiments historiques de la High Street et de **Canongate (pages 12–13)**, avant de vous rendre à **Holyrood (pages 14–15)**,

Holyrood Road. Tournez à droite dans St Mary's Street, puis à gauche dans le Royal Mile pour rejoindre Parliament Square et la **cathédrale Saint-Gilles (page 17)**. Suivez St Giles Street et North Bank Street pour revenir au Mound.

## La nouvelle ville : itinéraire 2

Partez du Scott Monument dans **Princes Street (pages 20–21)**, passez par les jardins de West Princes Street et prenez Frederick Street puis George Street pour rejoindre **Charlotte Square (page 22)**.

Prenez ensuite Charlotte Street et Forres Street pour atteindre **Moray Place et le Royal Circus (page 23)**. Avant de remonter par **Queen Street et St Andrew Square (page 24)**, vous pouvez faire un détour par le quartier original de **Stockbridge (page 26)**. Vous pouvez aussi prendre la navette gratuite au départ de la Scottish National Portrait Gallery dans Queen Street pour aller à **Dean Village (page 25)** qui abrite deux musées d'art remarquables. En troisième option, de St Andrew Square vous pouvez suivre Waterloo Place et monter jusqu'à **Calton Hill (page 27)**, avant de revenir à votre point de départ.

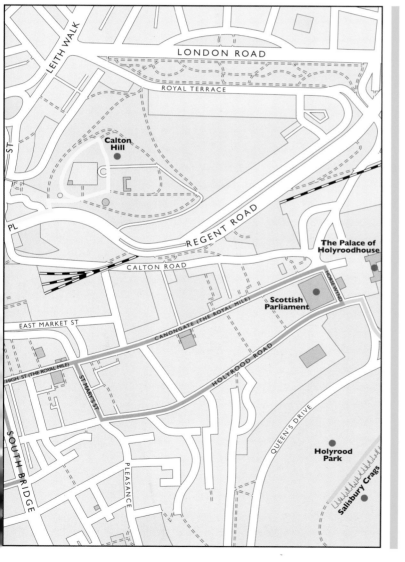

# Bienvenue à Édimbourg

Fruit de plusieurs siècles de tourmente, façonnée par un peuple extraordinaire et dotée d'un cadre sans égal, Édimbourg a tout : histoire, romantisme, culture et traditions écossaises se mêlent au charme et au raffinement du XXIe siècle, séduisant les visiteurs qui reviennent nombreux. Le son aigu des cornemuses, les habitations collectives et les ruelles sombres du Royal Mile, artère de la vieille ville que domine l'impressionnante masse grise du château d'Édimbourg, vous transportent des siècles en arrière. L'élégance géorgienne de la nouvelle ville est mise en valeur

par les magasins, les cafés, les restaurants, les musées d'art et les espaces verts. On vient du monde entier pour participer aux divers festivals d'Édimbourg. Cette ville historique, culturelle, animée et artistique, est devenue l'une des destinations les plus appréciées du monde.

*Vue sur la ville depuis le château d'Édimbourg*

# Aperçu historique

Le piton volcanique sur lequel se dresse le château d'Édimbourg est peuplé depuis l'âge de bronze. Pratiquement imprenable sur trois côtés, le Din Eidyn (Fort sur la colline) permettait de dominer la région. Au milieu du VIIe siècle apr. J.-C., les Northumbriens prirent la colline et lui donnèrent le nom d'Édimbourg. En 1070, le roi Malcolm III et sa reine, Margaret, s'installèrent au château, qui devint ensuite la résidence des futurs monarques. Leur fils, le roi David Ier, fonda l'abbaye de Holyrood en 1128 en bas du versant rocheux. Vinrent ensuite les guerres d'indépendance, avec de nombreuses batailles contre les Anglais. Édouard Ier, le « marteau des Écossais », pilla le château en 1296. Mais en 1313, le roi écossais Robert Bruce sortit vainqueur de son raid audacieux sur le château.

Au XVe siècle, Édimbourg devint la capitale de l'Écosse. Au début du XVIe siècle, le palais de Holyrood était devenu la résidence préférée de la famille royale écossaise. C'est là que se déroula par la suite le drame de Marie, reine d'Écosse. L'Acte d'union de 1707 vit la dissolution du parlement écossais et, après l'écrasement de la deuxième insurrection jacobite en 1746, Édimbourg entra dans une période de paix et de sécurité, où fleurirent les œuvres d'écrivains, de penseurs et de scientifiques.

Le surpeuplement dans la vieille ville actuelle étant devenu un problème critique, on entama en 1767 la construction de la nouvelle ville, selon les plans de l'architecte James Craig. Le XXe siècle vit la création du Festival d'Édimbourg, en 1947, ainsi que l'inauguration, en 1998, du célèbre Musée d'Écosse. En 1999, l'Écosse retrouva son propre parlement, dont le bâtiment au concept architectural controversé fut inauguré en 2004, marquant le début d'un nouveau siècle prometteur et fascinant pour cette splendide ville septentrionale.

# Le Mound

Au pied du Mound, vous êtes entre la vieille ville et la nouvelle. Jusqu'au milieu du XVIII<sup>e</sup> siècle, tout le monde vivait et travaillait dans la vieille ville, dédale de rues étroites entrecroisé d'allées et de ruelles que surplombaient de hautes habitations collectives. On a du mal à croire que les magnifiques jardins de Princes Street étaient jadis occupés par un marécage malodorant, le Nor'Loch, où tout le monde jetait ses ordures. Il fut asséché et remblayé en 1759, en prévision de la construction de la nouvelle ville.

*« Patineur sur le loch Duddingston » de Sir Henry Raeburn*

## La National Gallery d'Écosse

Deux musées d'art de premier ordre bordent une place imposante qui domine les jardins de Princes Street. Les œuvres remarquables qu'abrite la National Gallery étant réparties dans de petites salles, il est facile d'orienter sa visite, qui est gratuite. Des peintres italiens du XVI<sup>e</sup> siècle, présentés au premier étage, aux Impressionnistes français et aux *Trois Grâces* d'Antonio Canova, il y a de quoi se régaler. La fragile collection d'aquarelles de Turner y est exposée de temps en temps.

## La Royal Scottish Academy

Conçue par William Playfair, tout comme la National Gallery à laquelle elle est reliée, la Royal Scottish Academy propose régulièrement de grandes expositions artistiques.

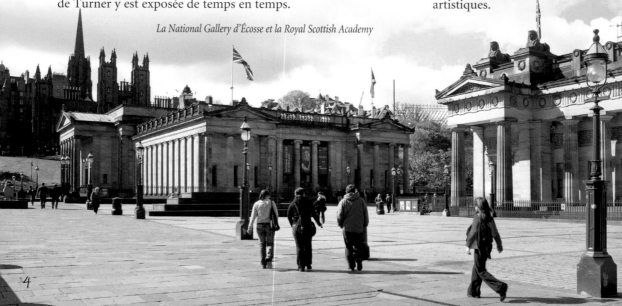

*La National Gallery d'Écosse et la Royal Scottish Academy*

## Castle Rock

Castle Rock est un volcan éteint, façonné au fil de millions d'années par l'action de nombreuses couches de glace. Après son éruption il y a 350 millions d'années, le volcan refroidit, formant une roche très dure. Au cours des ères glaciaires successives, les eaux glacées exercèrent des pressions autour du bouchon rocheux creusant des vallées où s'étendent aujourd'hui les jardins de Princes Street et formant une traînée de roches sédimentaires plus tendres à l'est.

## Ramsay Garden

En haut de la colline, vous verrez un groupe d'appartements caracté- ristiques rouges et blancs donnant sur l'estuaire (le Firth) du Forth. Ce jardin – qui porte le nom d'Allan Ramsay (1686–1758), poète d'Édimbourg – fut créé par l'urbaniste éclairé Sir Patrick Geddes dans les années 1890.

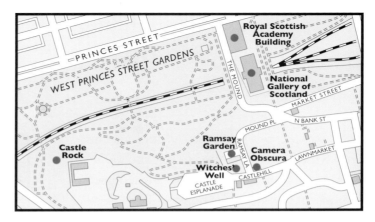

## Magie blanche ou noire ?

Une fontaine murale située en haut de Castle Hill commémore 300 femmes condamnées au bûcher comme sorcières. Les bons et mauvais visages, le serpent et la digitale montrent l'ambivalence de la sorcellerie.

*La « Camera obscura » et la cathédrale Saint-Gilles (voir page 17)*

## La « Camera obscura » (chambre noire)

L'idée n'est pas moderne, bien qu'il ne s'agisse pas uniquement de la projection de vues de la ville. Vous pourrez regarder à trav- ers des télescopes installés sur les toits, découvrir des illusions d'optique, des hologrammes, des paysages urbains 3D, ainsi qu'un aperçu d'Édimbourg à l'époque victorienne. La première chambre noire fut installée dans la « Tour de guet » en 1853.

# Le château

« *Nemo Me Impune Lacessit* » (qui veut dire, grosso modo : « Personne ne me provoque impunément ») est gravé audacieusement sur l'imposant corps de garde de cette forteresse imprenable. Ces mots témoignent du fait que le château fut, pendant des siècles, au cœur d'affrontements sanglants. Il fut attaqué pour la dernière fois en 1745, quand Bonnie Prince Charlie essaya en vain de reprendre le trône écossais.

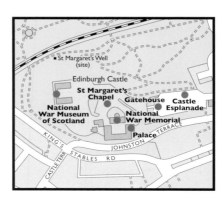

## L'esplanade et le corps de garde

C'est le terrain de parade où le Tattoo se déroule chaque année. L'esplanade fut construite en 1753, sans doute comme reconnaissance tacite de la fin des hostilités. Deux grands dirigeants se tiennent de part et d'autre de l'imposant corps de garde. Il s'agit de William Wallace, qui mena la résistance écossaise face à l'occupation anglaise au XIII^e siècle, et de Robert Bruce, qui reprit le château aux Anglais en 1313 – et le détruisit aussitôt pour éviter qu'il ne fût ressaisi.

*Le corps de garde*

## Le palais

Il se trouve au centre du groupe de bâtiments construit au sommet du rocher. Au-dessus de la porte figurent les initiales enchevêtrées de Marie, reine d'Écosse, et de son deuxième époux, Lord Darnley. Vous pouvez visiter la pièce minuscule dans laquelle Marie enfanta Jacques, le futur roi d'Écosse et d'Angleterre. Il faut souvent faire la queue pour voir les « Honours », joyaux de la couronne écossaise : le sceptre, l'épée et la couronne incrustée de pierres précieuses fabriquée pour Jacques V – et la « Pierre de la Destinée », sur laquelle les premiers rois écossais auraient été couronnés.

## Mons Meg

Cet énorme canon projetait des boulets de pierre à une distance d'environ 2,5 kilomètres. Ayant éclaté lors de sa dernière utilisation, en 1681, il est aujourd'hui exposé.

## Big bang

Tous les jours (du lundi au samedi), à 13 heures précises, vous entendrez une détonation dont l'écho se réverbère dans toute la ville. C'est le bruit du célèbre canon que l'on tire de la Mills Mount battery dans l'enceinte du château.

*Le palais*

*Le Scottish National War Memorial*

## National War Museum of Scotland

Ce musée retrace la vie des soldats écossais au combat. Il renferme des lettres émouvantes écrites la veille de batailles, un médaillon contenant une mèche de cheveux de Sir John Moore, soldat immortalisé par le poète Charles Wolfe, ainsi que le célèbre tableau de Robert Gibb, *La ligne rouge*, qui dépeint le courageux régiment des Highlands à la bataille de Balaclava. Vous découvrirez également l'histoire des Scots Dragoon Guards et du Royal Scots Regiment. Le château sert de quartier général à la 52e brigade d'infanterie. Le Scottish National War Memorial se trouve dans l'ancienne caserne, qui a été adaptée pour commémorer les Écossais morts aux deux Guerres mondiales.

## La chapelle Sainte-Margaret

Le roi David Ier fit construire cette chapelle au XIIe siècle en l'honneur de sa mère, la reine Margaret, qui fut canonisée.

*Le canon que l'on tire à 13 heures*

# Lawnmarket et Grassmarket

Il s'agit des deux premiers tronçons du Royal Mile, qui relie le château d'Édimbourg au palais de Holyrood. L'artère principale de la vieille ville, étroite et abrupte à cette extrémité, est l'une des rues les plus chargées d'histoire au monde. Assassins et membres de la famille royale y vécurent au côté de personnages politiques et de riches marchands. Jadis le repaire de voleurs et de déterreurs de cadavres, Grassmarket est aujourd'hui un quartier calme.

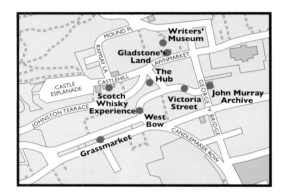

### The Scotch Whisky Experience

Un fantôme sympathique, une remontée dans le temps à bord d'un baril et la dégustation d'un petit verre gratuit vous apprendront beaucoup sur l'activité économique la plus connue d'Écosse. Vous y trouverez des whiskies rares.

### Le Musée des écrivains

Cet hôtel particulier, ayant jadis appartenu à l'exubérante Lady Stair, qui tenait des salons mondains, a été restauré et converti en un musée consacré à la vie et à l'œuvre de Robert Burns, de Robert Louis Stevenson et de Sir Walter Scott, écrivains écossais.

### Gladstone's Land

Cette habitation collective de six étages était, au début du XVII$^e$ siècle, la résidence de Thomas Gledstanes, homme fortuné. Il en fit modifier le rez-de-chaussée pour créer la façade à arcades en pierre et s'installa à l'un des étages, louant les autres. Elle a été restaurée par le National Trust of Scotland.

*Le Hub*

### Le Hub

Admirez ce bâtiment impressionnant au carrefour de Castlehill et de Johnston Terrace. Sa flèche, conçue par Pugin, est la plus haute d'Édimbourg, mais ce n'est pas une église. Ce qui fut jadis la salle de réunion de l'Église d'Écosse abrite aujourd'hui le centre d'opérations et la billetterie du Festival d'Édimbourg.

# Le sorcier de West Bow

Le Major Thomas Weir, qui brandit son bâton sculpté en bois d'aubépine, habitait West Bow au XVII<sup>e</sup> siècle. Apparemment irréprochable, il avoua soudain une vie secrète de bestialité, d'inceste et de sorcellerie. Il fut condamné au bûcher et son fantôme hanterait les rues d'Édimbourg.

## Les archives de John Murray

Vous pourrez voir ces lettres et documents à la Bibliothèque nationale d'Écosse, située sur le pont George IV. Murray, qui publia les œuvres d'écrivains et penseurs tels que Jane Austen, Charles Darwin et David Livingstone, conserva leurs correspondance et manuscrits. Les archives renferment la Collection Byron contenant des lettres écrites par le poète.

*Victoria Street*

## Victoria Street et West Bow

Cette belle rue incurvée, bordée aujourd'hui de splendides magasins, restaurants et cafés, faisait jadis partie du quartier insalubre à la criminalité rampante qu'était devenue la majeure partie de la vieille ville au XIX<sup>e</sup> siècle.

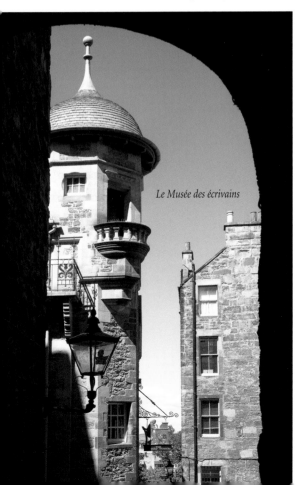

*Le Musée des écrivains*

*Grassmarket*

## Grassmarket

Ce square arboré se trouve dans le quartier où les déterreurs Burke et Hare commettaient leurs crimes afin de vendre les cadavres pour la dissection. Ce fut aussi le lieu d'exécutions publiques et le nom du pub, « La dernière goutte », est un rappel sinistre de cette époque.

# Greyfriars Kirkyard

Vous pourrez vous imprégner ici de l'essentiel de l'histoire d'Édimbourg. C'est à Greyfriars Kirkyard que sont enterrés les Écossais éminents et que les citoyens ordinaires se sont réunis au coude à coude pour défendre leur religion presbytérienne. De l'autre côté de la rue le remarquable Musée national d'Écosse présente le pays, sa culture, son peuple et ses traditions.

*Greyfriars Kirkyard*

## Greyfriars Kirkyard

En 1638, des nobles, des pasteurs et 5 000 Édimbourgeois défilèrent ici pour signer le Covenant national, en opposition à la décision de Charles Ier qui voulait imposer le rituel de l'église anglicane et ses évêques à l'Église d'Écosse. La lutte dura plusieurs décennies et vous pourrez voir un mémorial aux 1 200 covenantaires emprisonnés ici en 1679. Bon nombre moururent ou furent exécutés pour leur foi. La tombe dédiée aux frères Adam, grands architectes du XVIIIe siècle est l'une des plus magnifiques.

## Objets personnels

Au dernier étage du Musée national d'Écosse, se trouvent des objets choisis par des Écossais comme symboles du XXe siècle. Ayant été laitier, Sean Connery a choisi une bouteille de lait.

## Greyfriars Bobby

Si vous êtes sensible, sortez votre mouchoir ! Cette statue est celle de Bobby, un Skye terrier petit et vif qui travaillait avec son maître, l'agent de police John Gray. Gray, qui mourut en 1858, est enterré dans ce cimetière. Bobby veilla fidèlement sur la tombe de son maître pendant 14 ans jusqu'à ce que la mort les réunisse enfin.

*Greyfriars Bobby*

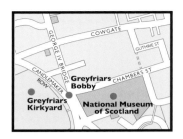

# La vie nocturne

Lorsque vous rejoignez le Royal Mile en passant sur South Bridge, regardez en dessous le quartier de Cowgate, situé dans la vallée profonde qui mène de Holyrood à Grassmarket. Bon nombre des boîtes de nuit de la ville se trouvent dans ce quartier qui, désert la journée, s'anime la nuit.

## Le Musée national d'Écosse

*Pièce du jeu d'échecs de Lewis*

Vous entrez dans cet imposant bâtiment en grès (achevé en 1998) par une tour ronde pour découvrir toute une série d'expositions, à commencer par un bloc de gneiss lewisien, la roche la plus ancienne d'Écosse. Les figures en bronze insolites, qui con-tiennent chacune une vitrine où sont exposés d'anciens torques, colliers, bracelets et broches, sont l'œuvre du sculpteur édimbourgeois, Eduardo Paolozzi. Parmi les trésors du musée, vous verrez les célèbres pièces de jeu d'échecs en ivoire de Lewis. Un autre Édimbourgeois, Andy Goldsworthy, a créé un mur en ardoise et façonné une boule constituée du squelette entier d'une baleine. Tâchez de visiter l'élégant bâtiment victorien attenant au musée, avec ses bassins à poissons et ses splendides galeries, lors de la mise en marche de l'extraordinaire horloge néo-gothique du millénaire, qui se trouve dans la salle principale.

*Les figures en bronze d'Eduardo Paolozzi, Musée national d'Écosse*

# Canongate

Vous regagnez le Royal Mile en empruntant South Bridge, pont construit entre 1785 et 1788 au-dessus de la vallée profonde occupée aujourd'hui par Cowgate pour faciliter l'accès à la ville depuis le sud. Il y a beaucoup à voir dans cette partie du Royal Mile, qui devient moins passante en descendant Canongate en direction de Holyrood et du bâtiment du parlement écossais.

*Storytelling Centre*

## Le Scottish Storytelling Centre et la maison de John Knox

« Les histoires se content en communauté d'esprit et de cœur » selon un panneau affiché dans cet excellent centre, où adultes et enfants peuvent venir se divertir. Ouvrez les placards du Mur aux contes et appuyez sur les boutons pour écouter des histoires écossaises parmi les plus évocatrices. Les groupes peuvent réserver des séances de récit oral dans le « Bothy ». La maison de John Knox, la plus vieille d'Édimbourg, propose une exposition consacrée à ses célèbres occupants, bien que John Knox lui-même n'y ait sans doute pas passé beaucoup de temps. Le Storytelling Centre abrite également la bibliothèque George Mackay Brown.

*La maison de John Knox*

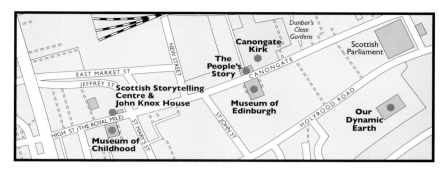

*Advocate's Close*

# Allées, ruelles et cours

Des passages étroits, menant souvent à des cours d'immeubles, partent des deux côtés du Royal Mile. Bon nombre portent des inscriptions – au-dessus de l'arche de Paisley Close, se trouve le buste d'un jeune homme et une inscription disant : « Persistez, je ne suis pas encore mort ». C'est ce que cria le jeune aux sauveteurs qui dégageaient les décombres d'une habitation collective. De nombreuses ruelles, telle qu'Advocate's Close, donnent sur la nouvelle ville.

## Le Musée de l'enfance

Ici vous revivrez avec nostalgie votre enfance, ainsi que celle de vos parents et grands-parents. Les jouets d'antan vous séduiront, et vous découvrirez les jeux auxquels jouaient les enfants dans les rues d'Édimbourg dans les années 1950. Le musée, idée de Patrick Murray, conseiller municipal qui aurait détesté les enfants, fut créé en 1955.

*Le Musée de l'enfance*

## The People's Story et Canongate Kirk

Dans l'ancien poste de péage de Canongate, qui fut bureau municipal puis prison, vous découvrirez l'histoire des gens ordinaires de la vieille ville. On y évoque de manière très vivante 200 ans de la vie des Édimbourgeois dans les habitations collectives. Tout à côté se trouve Canongate Kirk, où « Clarinda » (Agnes Maclehose), la muse de Robbie Burns est enterrée.

## Le musée d'Édimbourg

Des objets de tous les jours relatant l'histoire locale d'Édimbourg, dont le collier et la gamelle de Greyfriars Bobby, sont exposés ici.

## Our Dynamic Earth

John Hutton, géologue édimbourgeois du XVIIIe siècle, fut le premier à déterminer la durée d'évolution de la Terre. Ce bâtiment extravagant, où sont recréés des phénomènes naturels extraordinaires, fut construit en son honneur en tant que projet du millénaire.

*Our Dynamic Earth*

# Holyrood

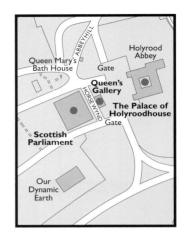

Ici, l'ancien et le moderne se côtoient. Le palais de Holyroodhouse, où la famille royale vint s'installer à l'époque de Jacques II, appartient au passé, tandis que l'imposant bâtiment du parlement écossais, parfois controversé, représente le XXIe siècle.

## La reine tragique

Reine à l'âge d'une semaine, veuve à 17 ans, la belle et talentueuse Marie, reine d'Écosse catholique, épousa l'égoïste Lord Darnley en 1565. Leur fils, Jacques, naquit un an plus tard, peu avant l'assassinat de Darnley. Marie épousa peu après le comte de Bothwell, soupçonné du meurtre de Darnley. Ce scandale l'obligea à abdiquer ; elle passa 19 ans en prison puis fut exécutée sur l'ordre de la reine Élisabeth Ire en 1587.

## Le palais de Holyroodhouse

Le palais de Holyrood se situe à l'opposé du château d'Édimbourg. Le palais fut érigé dans les jardins de l'abbaye de Holyrood, tombée en ruines. Celle-ci avait été fondée par le roi David Ier en 1128 à la suite d'un incident de chasse. Selon la légende, les bois d'un cerf à l'attaque se seraient transformés en croix et, ayant reçu un ordre divin, le roi se sentit poussé à construire un monastère. Par la suite, la famille royale quitta le château plutôt austère pour le cadre beaucoup plus accueillant de Holyrood. Le palais demeure aujourd'hui la résidence royale officielle en Écosse. Les appartements royaux se visitent, tout comme les plus anciennes pièces habitées jadis par Marie, reine d'Écosse, dont celle où son mari jaloux, Lord Darnley, fit mortellement poignarder David Rizzio alors que celui-ci jouait aux cartes.

*Le palais de Holyroodhouse*

## La galerie de la Reine

Vous pourrez admirer les peintures de la Collection royale dans ce bâtiment magnifique, réalisé par des artisans qui l'ont décoré avec imagination à partir de matériaux naturels. Inaugurée en 2002 pour commémorer le Jubilé d'or de Sa Majesté la Reine, la galerie se dresse à l'emplacement de l'Église non-conformiste de Holyrood et de l'École de la Duchesse de Gordon. Le porche en pierre est sculpté de guirlandes de fleurs sauvages, dont des roses et des chardons, et les charnières des portes imitent des branches d'arbres locaux. Les poignées des portes intérieures sont des figurines sculptées, et l'escalier tournant en bois se veut représenter des jambes.

*La porte de la galerie de la reine*

## Le parlement écossais

Ce bâtiment controversé de 431 millions de livres sterling, conçu par l'architecte catalan Enric Miralles, ne passe pas inaperçu. Représentant un port débordant de navires renversés, il est, selon certains, le bâtiment le plus admiré de Grande-Bretagne et, selon d'autres, le plus détesté. Miralles mourut avant l'achèvement de l'édifice. L'accès aux salles publiques, à la boutique et au café est gratuit, mais les visites guidées, organisées presque tous les jours, sont payantes. Les dictons et citations figurant sur les murs extérieurs vous donneront nul doute à réfléchir.

when we had a king and a chancellor and parliament-men o'our ain, we could aye peeble them wi' stanes when they werena gude bairns. But naebody's nails can reach the length o' Lunnon.

Walter Scott

*Le parlement écossais*

# Holyrood Park

*Salisbury Crags et Arthur's Seat*

Quand vous amorcerez la montée sinueuse en direction des Salisbury Crags, passant devant le *Lion d'Écosse* de Ronald Rae, vous aurez du mal à croire que vous êtes au centre d'une grande ville européenne. Un paysage écossais aux rochers escarpés, conjuguant collines, lacs et landes vallonnées s'étend devant vous.

## Holyrood Park

Cette étendue sauvage de 263 hectares est dominée par Arthur's Seat (Le siège d'Arthur), volcan éteint de 254 mètres d'altitude ressemblant à un lion couché. Façonné par l'activité volcanique il y a plus de 340 millions d'années, ce lieu est peuplé depuis 10 000 ans. On y trouve quatre forts, sept puits sacrés et les vestiges d'anciens cercles de huttes.

## Salisbury Crags

Le sentier qui mène aux Salisbury Crags porte le nom de « Voie radicale » – il fut réalisé en 1820 par un groupe de tisserands au chômage, dont les opinions étaient jugées radicales. Les Crags, formés par une éruption volcanique, ont 25 millions d'années de moins qu'Arthur's Seat. Du sommet des hauts rochers, vous pouvez voir le Midlothian et les Borders au sud, l'estuaire du Forth à l'ouest, le Fife au nord et la mer du Nord à l'est.

*Le « Lion d'Écosse » de Rae*

# La cathédrale Saint-Gilles

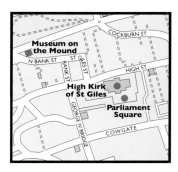

Sur cette place se trouve la « High Kirk of St Giles », souvent appelée cathédrale, bien qu'il n'y ait pas d'évêque. Les touristes admirent les bâtiments imposants, tandis que les avocats traversent Parliament Square à la hâte pour se rendre au Palais de justice.

### La cathédrale Saint-Gilles, « High Kirk » d'Édimbourg

Avec sa flèche ornée de gâbles, Saint-Gilles, qui date principalement du XV$^e$ siècle, occupe un lieu de culte fréquenté depuis au moins 854 apr. J.-C. Elle renferme des monuments à la mémoire d'Écossais célèbres, dont Robert Louis Stevenson, le marquis de Montrose et son ennemi acharné, le 8$^e$ duc d'Argyll, tous deux exécutés à la Croix du Marché. Ne manquez pas les sculptures ouvragées de la belle chapelle du Chardon de Robert Lorimer.

## Une affaire d'argent

Le Museum on the Mound, inauguré en 2007 par la banque HBOS plc, retrace l'histoire du secteur bancaire. Si vous le visitez, vouz pourrez essayer de percer un coffre-fort.

*Parliament Square*

## Parliament Square

Cette place était jadis occupée par un cimetière. John Knox, réformateur zélé, y est enterré, bien qu'on ne sache pas exactement où. La statue est celle de Charles II. Parliament House, le siège du parlement écossais jusqu'à sa dissolution en 1707, abrite aujourd'hui le Palais de justice. La grande salle est dotée d'une charpente à blochets impressionnante.

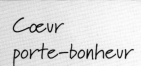

## Cœur porte-bonheur

Veillez à ne pas marcher sur le cœur de Midlothian, motif en pierre incrusté dans le sol devant la cathédrale Saint-Gilles. Il marque le lieu sinistre où se dressait jadis la prison de la ville.

# Le Festival d'Édimbourg

Le Festival d'Édimbourg est un terme générique décrivant l'explosion de manifestations culturelles dans la ville, chaque année au mois d'août. Le Festival international d'Édimbourg fut créé en 1947 comme « plate-forme pour l'épanouissement de l'esprit humain ». D'autres festivals vinrent bientôt se greffer autour de celui-ci, notamment le « Fringe ». Aujourd'hui, le festival s'étend en outre à l'opéra, à la danse classique, à la musique et au théâtre et comprend le Tattoo militaire qui réunit de nombreux ensembles de cornemuse devant le château d'Édimbourg.

Le Hub, billetterie des festivals

Artiste des rues

## Le « Fringe »

Lors du premier Festival d'Édimbourg, plusieurs troupes de théâtre, ayant rejoint la ville sans y avoir été invitées, se trouvèrent des endroits où monter leurs pièces. Un critique fit l'éloge des excellents spectacles donnés en marge du festival, et c'est ainsi que naquit le « Fringe ». Désormais, chaque année, près de 17 000 artistes ravissent ou déroutent leur public dans près de 260 lieux de spectacle.

Le « Fringe », le plus grand festival d'art au monde, est ouvert à tout artiste pouvant se rendre à Edimbourg et se trouver un lieu de représentation. Le festival couvre théâtre, comédie,

*Sketch comique au « Fringe »*

musique, théâtre pour enfants, danse, expositions et toute manifestation n'appartenant à aucune catégorie spécifique. Vous pourrez également apprécier les nombreux spectacles de rues.

## On ferme !

Le mot « tattoo » vient de l'expression tradition-nelle *Doe den tap toe* (« Fermez les robi-nets ») annonçant la fermeture des tavernes.

## Autres manifestations

Dans le cadre du festival, des manifestations sont orga-nisées à d'autres moments de l'année : Hogmanay, quatre jours de fête au nouvel an, Festival des sciences en avril, Festival du théâtre pour enfants au mois de mai et Mela (fête multiculturelle des arts) en septembre.

## Le Tattoo militaire d'Édimbourg

Depuis sa création en 1950, plus de 12 millions de personnes ont assisté à cette parade spectaculaire orga-nisée sur l'esplanade du château. Tout le mois d'août, au crépuscule, la foule emplit les rues étroites qui mènent au château. Comme les gens prennent leur place, les projecteurs s'allument, les grandes portes en chêne du château s'ouvrent et, aux sons des cornemuses et des tambours, les troupes défi-lent sur le pont-levis. Suivent alors des parades spectacu-laires, qui se terminent par la complainte lancinante d'un joueur de cornemuse solitaire, dont la silhouette se détache sur le ciel nocturne.

*Le Tattoo militaire d'Édimbourg*

# Princes Street

Cette longue avenue, jadis un quartier résidentiel chic, offre l'une des vues les plus célèbres du monde. Comme les magasins n'en bordent qu'un côté, vous découvrez de l'autre les splendides jardins de la vieille ville, dont la ligne des toits est dominée par le château d'Édimbourg, imposante forteresse en granit.

## Le monument Scott

La gare d'Édimbourg porte le nom du célèbre roman de Sir Walter Scott, *Waverley*, publié en 1814. Tout près de la gare, et au centre d'un mémorial qui serait le plus imposant du monde dédié à un écrivain, se dresse la statue en marbre de ce grand homme. Scott, représenté avec son limier, Maida, est entouré de sta-tuettes de ses personnages. Un escalier en colimaçon permet de monter en haut de cet édifice, qui atteint 61 mètres.

*Jenners*

## Jenners

Jadis le grand magasin indépendant le plus vieux du monde, cette institution édimbourgeoise, qui fait aujourd'hui partie d'une chaîne, conserve son caractère unique. Sur la façade extérieure très ornée, vous verrez des figures féminines qui semblent soutenir les étages supérieurs.

*Le monument Scott*

## Les jardins de Princes Street

On a du mal à croire que s'étendait là une masse d'eau puante, le Nor'Loch, créé en 1460 en tant que douves. Tout le monde y jetait ses ordures. Mais le Loch ayant été asséché et comblé lors de la construction de la nouvelle ville, un jardin privé y fut créé en 1818, et ouvert au public 60 ans plus tard. Vous pourrez vous y promener, vous y asseoir, écouter un des concerts donnés au kiosque Ross et admirer l'horloge florale et son coucou mécanique. Les jardins sont émaillés de monuments, dont ceux à la mémoire de l'explorateur David Livingstone, de l'éditeur Adam Black, du poète Allan Ramsay et des Royal Scots Greys. Vous entendrez les trains entrant et sortant de la gare de Waverley, mais en raison de l'encaissement vous ne les verrez pas.

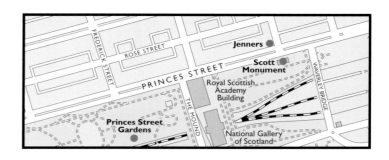

## Des plans de maître

Une plaque à l'intérieur de la Royal Bank of Scotland sur St Andrew Square marque le point de départ du plan ambitieux du jeune architecte James Craig pour la « nouvelle ville », dont les travaux commencèrent en 1767. Craig avait remporté le concours lancé en vue de la construction d'un « deuxième quartier », rendue nécessaire par le surpeuplement de la ville. D'autres architectes, notamment les frères Adam, achevèrent le travail de Craig, créant ce qui allait devenir le plus vaste ensemble architectural géorgien d'Europe.

*La ligne des toits de la vieille ville*

# Charlotte Square

La carte de la nouvelle ville révèle un plan géométrique avec deux places imposantes : St Andrew Square à l'est et Charlotte Square à l'ouest. George Street constitue l'artère principale du plan initial de l'architecte James Craig, qui est délimité par Princes Street et Queen Street.

## George Street

Prenez le temps d'explorer Rose Street et les autres rues parallèles à George Street ; elles regorgent de boutiques fascinantes et de « howffs » (tavernes) historiques. George Street, construite sur une arête, est elle-même bordée de magasins chics. L'église Saint-André et Saint-Georges est ovale (pour éviter que le diable ne se cache dans les coins). Aux carrefours, vous découvrirez des statues grandioses et des vues souvent étonnantes sur le château d'Édimbourg et l'estuaire du Forth.

*Le monument du prince Albert, Charlotte Square*

## Charlotte Square

Cette place fut dessinée par Robert Adam en 1791. Dominée par West Register House, où sont exposés des cartes et plans anciens, elle est bordée d'imposantes maisons. Au centre du parc engazonné se dresse l'énorme monument à la mémoire du prince Albert, cavalier, époux, père et homme d'État. La reine Victoria en fut apparemment si enchantée qu'elle éleva de suite son créateur, John Steell, au rang de chevalier.

*La maison géorgienne*

### La maison géorgienne

Cette maison, au n° 7, a été rénovée dans son style d'origine par le National Trust for Scotland, qui gère un café et un petit musée d'art en face, au n° 28.

# Moray Place et le Royal Circus

C'est un plaisir d'explorer les rues de la nouvelle ville. Paisibles, larges, élégantes et harmonieuses, elles sont ponctuées d'espaces verts. Les propriétés coûteuses sont essentiellement résidentielles, mais il s'ouvre des magasins, des bars et des restaurants qui rendent le quartier accessible à tous. Ayant exploré ces rues, vous pourrez visiter les remarquables Stockbridge Colonies et le jardin botanique royal (voir page 26).

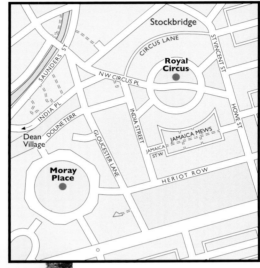

*Moray Place*

## Moray Place

Ce splendide cirque dodécagonal de style dorique marqua, comme Ainslie Place et Randolph Crescent au sud-ouest, la phase finale et la plus impressionnante de l'aménagement de la nouvelle ville. La construction, supervisée par le comte de Moray et commencée en 1822, dura trois décennies. Les jardins centraux sont privés, tandis que les jardins de Moray Place Bank, au nord, descendent vers la Water of Leith. Le comte, enchanté du résultat, emménagea lui-même au n° 28.

## Le Royal Circus

En 1820, ce grand ensemble circulaire, doté d'un jardin central, était achevé. Avant de descendre India Street, passez dans Heriot Row pour voir le n° 17, où habitait Robert Louis Stevenson. Le Centre international des études mathématiques (n° 14 India Street), fut jadis la résidence de James Clerk Maxwell, le « père des sciences modernes ». À deux pas, dans Jamaica Street West, se trouve Kay's Bar, tout petit pub aménagé dans le seul cottage du XIXe siècle qui subsiste dans cette rue.

## Chaises à porteurs

Jusqu'en 1870, c'est à l'angle de Great King Street et de Dundas Street que vous auriez pu louer la dernière chaise à porteurs disponible.

# Queen Street et St Andrew Square

En remontant vers Queen Street, vous souhaiterez peut-être vous attarder dans Dundas Street, rue bordée de magasins d'art et d'antiquités en tous genres. Queen Street, avec ses jardins privés, marquait la limite du plan initial de la nouvelle ville dessiné par James Craig.

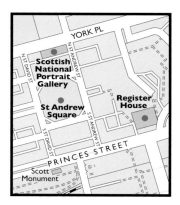

*Sean Connery, National Portrait Gallery*

### Register House

Premier bâtiment à coupole d'Édimbourg, cet édifice (l'un des plus beaux dessinés par Robert Adam), abrite aujourd'hui le bureau central des Archives nationales d'Écosse.

*St Andrew Square*

### Scottish National Portrait Gallery

Vous remarquerez inévitablement cet édifice très ouvragé, s'inspirant du palais des Doges de Venise, car l'extérieur en grès rouge, orné de figures travaillées, contraste totalement avec les bâtiments géorgiens sobres, en pierre, qui l'entourent. À l'intérieur, la frise remarquable des Écossais célèbres, créée par William Hole, est placée au-dessous de scènes dépeignant les batailles de Bannockburn et Largs. Les expositions du rez-de-chaussée changent régulièrement, tandis que les salles des étages supérieurs relatent l'histoire de l'Écosse à travers ses habitants.

### St Andrew Square

Vous trouverez sur cette place de nombreuses institutions financières ainsi qu'un nouveau centre commercial chic. Entrez dans la Royal Bank of Scotland pour voir le plafond en coupole magnifiquement orné d'étoiles. La haute colonne est surmontée d'une statue d'Henry Dundas, bras droit de William Pitt.

# Dean Village

Une partie du Water of Leith Walkway, sentier de 20 kilomètres, traverse Édimbourg à Dean Village, passant devant la Scottish Gallery of Modern Art et Dean Gallery. Si vous visitez ces musées de Belford Road, cela vaut la peine de prendre le sentier pour vous rendre dans ce quartier, blotti dans une gorge profonde spectaculaire où le fleuve faisait jadis fonctionner pas moins de 11 moulins.

*Scottish National Gallery of Modern Art*

## Scottish National Gallery of Modern Art

Le musée dispose de vastes espaces où exposer ses remarquables collections d'art moderne. Dehors, vous verrez des œuvres massives, notamment d'Henry Moore. La plus spectaculaire est la *Landform Ueda* de Charles Jencks, qui s'étend devant le musée. Les visiteurs aiment se promener autour du monticule dont les terrasses sinueuses se reflètent dans des bassins en forme de croissant. À l'intérieur du musée, vous trouverez des Matisse, Picasso, Bacon, Hockney, Warhol et Lucien Freud, ainsi que des œuvres plus récentes d'Antony Gormley, Damien Hirst, Tracey Emin et Gilbert and George.

## Dean Gallery

Ce musée présente une collection de premier ordre d'œuvres dadaïstes et surréalistes, ainsi qu'une exposition permanente de créations d'Eduardo Paolozzi, sculpteur né à Édimbourg, dont plusieurs œuvres distinctives ornent le centre-ville.

Le cimetière de Dean Occupant le parc de Dean House, ce cimetière renferme de merveilleux monuments funéraires. De nombreux Édimbourgeois éminents y sont enterrés.

*La « Landform Ueda » de Jencks*

# Stockbridge

Stockbridge, à 10 minutes à pied du centre-ville, est un « village » rayonnant qui regorge de boutiques et de personnages insolites. Devenu quartier branché de la ville, il conserve néanmoins son ambiance particulière.

## Eaux tourmentées

La Water of Leith peut sembler être un fleuve au cours tranquille traversant allègrement le nord de la ville, mais les riverains ont appris à leurs dépens qu'il peut grossir considérablement en hiver et inonder maisons et jardins.

### St Stephen Street

Vous trouverez ici divers magasins de vêtements et d'articles ménagers intéressants, dont plusieurs sont ouverts à des heures inha-bituelles. Seule l'entrée de l'ancien marché subsiste.

*Emblèmes du métier de menuisier*

### Stockbridge Colonies

Ces 11 impasses pavées et parallèles, bordées de maisons style « cottage », furent construites par l'Edinburgh Co-operative Building Company après 1861, dans l'intention de fournir aux ouvriers des logements bon marché. Vous verrez sur le pignon des maisons des panneaux sculptés illustrant les différents métiers artisanaux.

### Le jardin botanique royal

Ce merveilleux jardin, auquel vous pouvez accéder d'Inverleith Row ou d'Arboretum Place, s'étend à flanc de coteau. Le café offre un endroit idéal où s'asseoir et contempler les vues sur la ville et sur le château. Le jardin est resplendissant en toutes saisons : rhododendrons et azalées au prin-temps, plantes herbacées et arbustes à fleurs l'été et tons chauds et doux en automne. Les passionnés de jardinage admireront la vaste collection de plantes alpines.

*Les Stockbridge Colonies*

*Le jardin botanique royal*

# Calton Hill

C'est à cette collection surréaliste de monuments qu'Édimbourg doit son surnom d' « Athènes du nord ». Le Monument national, « Parthénon » de style grec, fut dessiné par William Playfair en 1824, mais laissé inachevé par manque de fonds en 1829. La pente est raide à gravir, mais vos efforts seront récompensés par les monuments extraordinaires et les vues splendides sur la ville.

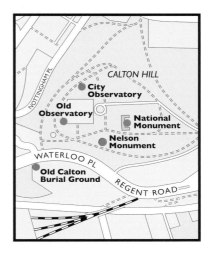

## L'ancien cimetière de Calton

Avant de gravir la colline, prenez le temps de regarder ces monuments aux dimensions plus modestes et les tombes, comme l'énorme mausolée de style romain dessiné par Robert Adam pour le philosophe David Hume, dont les amis veillèrent assidûment la tombe pendant huit nuits après son enterrement, en 1776, pour empêcher le diable d'emporter son âme d'athée.

## Les monuments

La tour en forme de télescope, haute de 32 mètres, fut érigée à la mémoire de Lord Nelson, tué à la bataille de Trafalgar en 1805. On en posa la première pierre en secret, en 1807, afin d'éviter un grand rassemblement et le risque d'accidents. Parmi les autres monuments, dessinés en majorité par William Playfair, figurent un monument circulaire dédié au philosophe Dugald Stewart et l'Observatoire de la ville, tout près de l'ancien observatoire.

*Le monument Nelson*

## Manifestation silencieuse

Le monument le plus récent fut érigé en avril 1998, en l'honneur des citoyens qui manifestèrent en silence pendant 1 980 jours en faveur d'un parlement écossais.

*Calton Hill*

# Autour d'Édimbourg

Bien que les distractions ne manquent pas à Édimbourg, vous trouverez de nombreux sites intéressants à quelques kilomètres seulement du centre de la capitale.

## Le zoo d'Édimbourg

Ici, la priorité est accordée à la conservation et à l'éducation en matière d'environnement. Adultes et enfants auront de quoi voir dans ce zoo qui compte plus de 1 000 animaux dans son parc de 33 hectares. Il se situe à 4 kilomètres seulement à l'ouest de la capitale écossaise.

## Queensferry

Pendant 700 ans, un bac assura la traversée de l'estuaire du Forth entre North et South Queensferry. En 1890, fut ouvert le pont ferroviaire sur le Forth, qui était alors le plus grand pont du monde et devint l'une des merveilles technologiques de l'époque. Le pont routier sur le Forth fut inauguré en 1964.

## Cramond

C'est dans ce village sélect en bord de mer, situé au nord-ouest du centre-ville, qu'habitait l'amant de Miss Jean Brodie, Gordon Lowther, dans le roman coloré de Muriel Spark, *Le Bel Âge de Miss Brodie*. Cramond, village pittoresque, offre de nombreux sentiers pédestres.

*Cramond*

En 1997, le batelier Rob Graham découvrit, dans les eaux de l'Almond, la sculpture romaine d'une lionne dévorant un homme. Elle est aujourd'hui exposée au Musée national d'Écosse dans Chambers Street.

## Leith

C'est dans le vieux port d'Édimbourg, qui se trouve à

*Le pont ferroviaire sur le Forth*

*Royal Yacht « Britannia »*

## Le château de Craigmillar

Craigmillar, situé à 5 kilomètres du centre-ville, est l'un des châteaux médiévaux les mieux conservés du pays. La région autour de Craigmillar était jadis sur-nommée « Petite France », car Marie, reine d'Écosse, qui passa son enfance en France, y séjournait souvent.

une courte distance du centre en bus, qu'est amarré l'ancien yacht royal *Britannia*. Vous pourrez le visiter et traverser les appartements occupés par la famille royale durant ses 968 voyages officiels. Leith est doté d'un front de mer animé, bordé de boutiques, bars et restaurants chics.

## La chapelle de Rosslyn, Roslin

Quiconque a lu des livres sur la thèse du complot religieux connaîtra cette chapelle, dont les riches ornementations ont conduit à conjecturer sur ses secrets cachés. La chapelle de Rosslyn, située dans le village de Roslin, à 9,5 kilomètres au sud d'Édimbourg, fut construite sur les instructions de William St Clair, Prince des Orcades, en 1446. Une sculpture le représente avec des étoiles et des coquillages autour de la tête. Admirez le « pilier de l'Apprenti », qui aurait été sculpté par un apprenti en l'absence de son maître. Selon la légende, rendu fou de jalousie par la beauté de l'œuvre, le maître, à son retour, aurait tué le jeune.

*La chapelle de Rosslyn*

# Information

Vous trouverez à l'Office du tourisme des informations complètes et à jour sur les visites et excursions et tout ce qu'il y a à découvrir à Edimbourg.

## Visites et excursions

Pour tous renseignements sur les visites et excursions sui-vantes, et bien d'autres encore, s'adresser à l'office du tourisme ou consulter le site Internet www.edinburgh.org.

Les nombreuses visites à thème (souvent effrayantes) incluent : City of the Dead, Cadies and Witchery Tour, Auld Reekie Tours, Mercat Tours, Rebus Tours, Geowalks, Leith Walks, Edinburgh Literary Pub Tour.

Visites de la ville en bus à impériale découverte : départs réguliers de Waverley Bridge. Vous pouvez acheter un billet au guichet près du pont, ou dans le bus.

Visites à bicyclette de la vieille et de la nouvelle ville. Facile. Durée : environ 3 heures.

*Navette des musées d'art*

*Bus touristique*

## Musées et sites historiques

Camera Obscura 0131 226 3709, www.camera-obscura.co.uk ;
Dean Gallery 0131 624 6200, www.nationalgalleries.org ;
Dynamic Earth 0131 550 7800, www.dynamicearth.co.uk ;
Château d'Édimbourg 0131 225 9846, www.edinburghcastle.biz ;
La maison géorgienne 0844 4932118, www.nts.org.uk ;
Gladstone's Land 0844 4932120, www.nts.org.uk ;
Musée de l'enfance 0131 529 4142, www.cac.org.uk ;
Musée d'Édimbourg 0131 529 4143, www.cac.org.uk ;
Museum on the Mound 0131 243 5464, www.museumonthemound.com ;
National Gallery d'Écosse 0131 624 6200, www.nationalgalleries.org ;
Bibliothèque nationale d'Écosse 0131 623 3700, www.nls.uk ;
Musée national d'Écosse 0131 247 4422, www.nms.ac.uk ;
National War Museum of Scotland 0131 247 4413, www.nms.ac.uk/war ;
Le palais d'Holyroodhouse 0131 556 5100, www.royalcollection.org.uk ;
The People's Story 0131 529 4057, www.cac.org.uk ;
La galerie de la Reine 0131 556 5100, www.royal.gov.uk ;
Le jardin botanique royal 0131 552 7171, www.rbge.org.uk ;
Royal Scottish Academy 0131 624 6200, www.nationalgalleries.org ;
Scottish National Gallery of Modern Art 0131 624 6200, www.nationalgalleries.org ;
Scottish National Portrait Gallery 0131 624 6200, www.nationalgalleries.org ;
Le parlement écossais 0131 384 5200, www.scottish.parliament.uk ;
The Scottish Storytelling Centre et la maison de John Knox 0131 556 9579, www.scottishstorytellingcentre.co.uk ;
The Scotch Whisky Experience 0131 220 0441, www.scotch-whisky-experience.co.uk ;
Le Musée des écrivains 0131 529 4901, www.cac.org.uk

# Index des lieux

*Gladstone's Land*

**Office du tourisme
Visit Scotland**  ⓘ
3 Princes Street,
Edinburgh EH2 2QP
Tél. : 0845 2255 121
Web : www.edinburgh.org

**Shopmobility** ♿
Prêt de fauteuils roulants
manuels ou électriques et de
scooters électriques aux personnes à mobilité réduite.
St Andrew Square
Tél. : 0131 225 9559

*La fête des fantômes en mai*

Première de couverture:
Le château d'Édimbourg
Dernière de couverture:
Danseurs écossais

## Remerciements

Photographie de Neil Jinkerson ©
Pitkin Publishing. Photographies
supplémentaires avec l'aimable
permission de : Alamy : FC
(KCphotography), 23cg (Ange),
19g, 27b (Robert Harding Picture
Library), 26cd (Stock Images), 28/29
(BL Images Ltd), 29h (Colin Palmer
Photography), 29cd (Stuart Walker),
30h (Bernie Pearson) ; Bridgeman
Art Library : 4h (National Gallery
d'Écosse), 14cg (Victoria & Albert
Museum, Londres) ; Epic Scotland :
BC (Ashley Coombes) ; Musée
national d'Écosse : 11cg ; National
Trust for Scotland : 22bg ; Nicko
and Joe's Bad Film Club : 19h ; Our
Dynamic Earth Enterprises Ltd :
13bd ; Scottish National Portrait
Gallery : 24hg.

Les éditeurs souhaitent remercier
Linda Galt (Visit Scotland) pour son
aide lors de la préparation de ce guide.

Rédigé par Annie Bullen ; l'auteur a
déclaré ses droits légaux.
Révisé par Angela Royston.
Mise en page de Simon Borrough.
Recherche iconographique
supplémentaire de Jan Kean.
Traduit par Françoise Barber pour
First Edition Translations Ltd,
Cambridge, Royaume-Uni.
Plans de la ville de The Map Studio
Ltd, Romsey, Hants, Royaume-Uni ;
plans basés sur la cartographie de ©
George Philip Ltd.

Publié sous cette forme par © Pitkin
Publishing 2015.

Imprimé en GB.
ISBN 978-1-84165-228-3     3/15

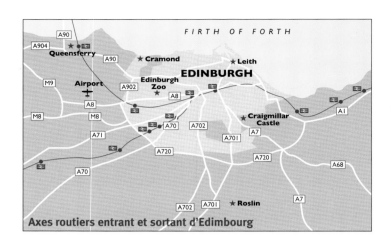

**Axes routiers entrant et sortant d'Édimbourg**

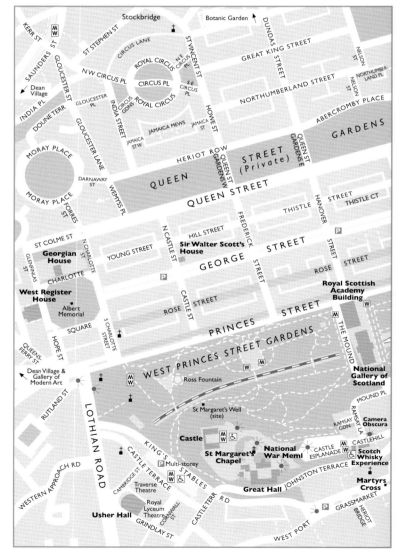